Pour Carrie Rodd

VERSEAU

STELLA ANDROMEDA

ILLUSTRÉ PAR EVI O. STUDIO

III.

Introduction

Sur le fronton du temple d'Apollon à Delphes, en Grèce, étaient gravés les mots « Connais-toi toi-même ». Il s'agit de l'une des 147 maximes delphiques, ou règles de vie, attribuées à Apollon lui-même, et reformulée ensuite par le philosophe Socrate avec la célèbre phrase « Une vie sans examen ne vaut pas la peine d'être vécue ».

Il existe de multiples façons de se connaître, de se réconcilier avec la vie, et de méthodes pour comprendre les défis de l'existence, parfois par le biais de thérapies ou de systèmes de croyances comme la religion organisée. Nous nous efforçons de trouver les outils particuliers qui nous permettront de mieux comprendre les rapports que nous entretenons avec nous-même et avec les autres.

Grâce à son emploi symbolique des constellations, des représentations des signes du zodiaque, des planètes et de leur influence énergétique, l'astrologie a beaucoup à offrir pour la connaissance et la compréhension de la nature humaine. Nombre de personnes pensent que l'accès à ces informations et l'exploitation de leur plein potentiel sont utiles pour réfléchir à la manière de gérer leur vie pleinement.

Qu'est-ce que l'astrologie ?

En termes simples, l'astrologie établit une correspondance entre l'Homme et le monde dans lequel il vit. Fondées sur une combinaison de connaissances factuelles, l'étude et l'interprétation de la position des planètes à un moment spécifique dans le temps permettent de déterminer certaines caractéristiques psychologiques d'une personne.

L'astrologie est moins un système de croyances qu'un outil pour mieux gérer sa vie, à partir duquel une sagesse ancienne et établie peut être enseignée. Chacun de nous peut apprendre à se servir de l'astrologie, non pas tant pour connaître le futur, mais plutôt comme un guide qui donne la possibilité d'aborder le quotidien de manière plus réfléchie. Les cycles sont au cœur de l'astrologie, et la connaissance des configurations planétaires et de leurs interrelations à des moments précis peut nous aider à affiner certains de nos choix et décisions.

Savoir quand des changements majeurs risquent de se produire – en raison de configurations planétaires particulières telles qu'un retour de Saturne (voir page 103) ou lorsque Mercure rétrograde (voir page 104) – ou ce que signifie avoir Vénus dans votre septième maison (voir pages 95-99), tout en connaissant les caractéristiques spécifiques de votre signe, sont autant d'outils que vous pouvez utiliser à votre avantage. Le savoir, c'est le pouvoir, et l'astrologie est un instrument très puissant pour mieux appréhender les hauts et les bas de la vie quotidienne et les relations que nous nouons en chemin.

Les douze signes du zodiaque

Chaque signe du zodiaque arbore toute une gamme de caractéristiques identifiables, partagées par les personnes nées sous le même signe. Il s'agit du signe solaire – que vous

Les attributs des signes solaires peuvent être spécialement présents selon les individus ; pour autant, ils ne représentent qu'une partie d'un ensemble.

En général, l'image que nous renvoyons aux autres est soumise à l'influence de divers facteurs qui méritent d'être pris en compte. Votre ascendant est tout aussi important, ainsi que le positionnement de votre Lune. Vous pouvez également consulter les attributs de votre signe opposé pour voir ce que votre signe solaire pourrait nécessiter, en vue d'équilibrer ses particularités.

Après avoir fait plus ample connaissance avec votre signe solaire dans la première partie de ce livre, vous aurez peut-être envie d'explorer la section « En savoir plus » (voir pages 74-105) afin de comprendre plus en détail le fonctionnement de votre thème natal. Ce chapitre vous donnera un aperçu beaucoup plus vaste de la myriade d'influences astrologiques qui peuvent traverser votre vie.

Les signes solaires

Il faut 365 jours (et un quart, pour être précis) pour que la Terre réalise un tour complet autour du Soleil ; le Soleil nous semble donc passer un mois à parcourir chaque signe du zodiaque.

ce que cela signifie pour vous et votre famille, vos amis et vos partenaires, donne déjà un premier aperçu de vos caractère et personnalité.

La conjonction

Pour ceux dont la date d'anniversaire est proche de la fin d'un signe solaire ou du début d'un autre, cela vaut la peine de savoir à quelle heure vous êtes né. Astrologiquement parlant, il n'existe rien de tel qu'être au centre d'une conjonction – car les signes commencent à une heure et une date précises, bien que cela puisse légèrement varier d'une année à l'autre. Si vous n'êtes pas sûr, vous devrez connaître vos date, heure et lieu de naissance pour déterminer avec précision à quel signe solaire vous appartenez. Une fois que vous les avez, vous pouvez consulter un astrologue ou renseigner vos données par le biais d'un site d'astrologie (voir page 108) pour obtenir un thème natal le plus complet possible.

Bélier

Le bélier

★

21 MARS–20 AVRIL

Premier signe du zodiaque, le Bélier apparaît aux côtés de l'équinoxe vernal (ou équinoxe de printemps). Signe cardinal, le Bélier est aussi un signe de feu gouverné par la planète Mars, ce qui lui permet de relever n'importe quel défi avec une énergie et une créativité débordantes. Son signe opposé est le signe d'air de la Balance.

Taureau

Le taureau

★

21 AVRIL–20 MAI

Fort, sensuel et adepte des plaisirs de la chair, le Taureau est un signe fixe lié à la terre et symbolisé par la planète Vénus, déesse de l'amour et de la beauté. Généralement caractérisé par une vision simple et facile de la vie, bien que parfois têtu, son signe opposé est le signe d'eau du Scorpion.

Gémeaux

Les jumeaux

✶

21 MAI–20 JUIN

Signe d'air mutable symbolisé par des jumeaux. Le natif du Gémeaux a tendance à voir les multiples facettes d'une discussion, sa curiosité intellectuelle étant influencée par sa planète maîtresse Mercure. Quelquefois inconstant, ce signe incarne également une certaine jeunesse d'esprit. Son signe opposé est le signe de feu du Sagittaire.

Cancer

Le crabe

✶

21 JUIN–21 JUILLET

Représenté par un crabe à grosses pinces, le Cancer est un signe cardinal d'eau gouverné par la Lune, l'astre maternel. Émotionnel et intuitif, il se protège derrière une lourde carapace qui symbolise la sécurité du foyer, auquel le Cancer est très attaché. Son signe opposé est le signe de terre du Capricorne.

Lion

Le lion

✱

22 JUILLET–21 AOÛT

Signe de feu fixe gouverné par le Soleil, le Lion aime briller comme ce dernier. C'est un idéaliste dans l'âme, à la fois positif et généreux, qui a une grande foi en l'Humanité. Ce signe ne cherche pas à faire de compromis, il rugit de fierté et a confiance en lui. Son signe opposé est le signe d'air du Verseau.

Vierge

La jeune fille

✱

22 AOÛT–21 SEPTEMBRE

Traditionnellement symbolisé par une jeune fille, ce signe de terre mutable, très observateur et autocritique, aime la minutie et tend vers l'autosuffisance. Gouverné par Mercure, le natif de la Vierge est mû par un intellect aigu et se montre soucieux de sa santé. Son signe opposé est le signe d'eau du Poissons.

Scorpion

Le scorpion

*

22 OCTOBRE–21 NOVEMBRE

ainsi que la renaissance, et il est gouverné par Pluton et Mars. Traversé par une forte spiritualité et des émotions profondes, le Scorpion a besoin de sécurité, dans laquelle il puise sa force. Son signe opposé est le signe de terre du Taureau.

Balance

La balance

*

22 SEPTEMBRE–21 OCTOBRE

Signe d'air cardinal gouverné par Vénus, la Balance est toujours à la recherche d'équilibre et d'harmonie dans un monde plutôt romantique. Doté d'un goût prononcé pour l'esthétique, le natif de la Balance peut être à la fois artiste et bricoleur ; il aime aussi l'équité et sait faire preuve de diplomatie. Son signe opposé est le signe de feu du Bélier.

Sagittaire

L'archer

★

22 NOVEMBRE–21 DÉCEMBRE

Représenté par un archer, le Sagittaire est un signe de feu mutable féru de voyage et d'aventure, que ce soit à travers le corps ou l'esprit, qui se montre très direct dans son approche. Gouverné par le bienveillant Jupiter, le Sagittaire est un éternel optimiste qui aime la liberté, mais a tendance à généraliser. Son signe opposé est le signe d'air du Gémeaux.

Capricorne

La chèvre cornue

★

22 DÉCEMBRE–20 JANVIER

Gouverné par Saturne, le Capricorne est un signe de terre cardinal associé au travail acharné. Digne de confiance et n'ayant pas peur de l'engagement, le Capricorne est suffisamment discipliné pour exercer une profession indépendante. Son signe opposé est le signe d'eau du Cancer.

Verseau

Le porteur d'eau

✶

21 JANVIER-19 FÉVRIER

Représenté en porteur d'eau, le Verseau est un signe d'air fixe gouverné par l'imprévisible Uranus, qui aime balayer les idées anciennes pour laisser place à une pensée innovante. Tolérant, ouvert d'esprit et tourné vers l'autre, il est doué d'une vision sociale et lucide. Son signe opposé est le signe de feu du Lion.

Poissons

Le poisson

✶

20 FÉVRIER-20 MARS

Sensible à son environnement, le natif du Poissons confond parfois fantaisie et réalité. Signe d'eau mutable représenté par deux poissons nageant dans des directions opposées, il est gouverné par Neptune. Il s'épanouit dans un univers imaginatif et empathique, et il est souvent en phase avec les humeurs des autres. Son signe opposé est le signe de terre de la Vierge.

I. Connaître

le Verseau

Le signe dans lequel le Soleil voyageait au moment de votre naissance est le point de départ fondamental pour explorer votre caractère et votre personnalité à travers le zodiaque.

VOTRE SIGNE SOLAIRE

Signe d'air fixe, représenté par un porteur d'eau.

Gouverné par Uranus, le Verseau est associé à la désinvolture, l'inattendu, la nouveauté et l'invention.

SIGNE OPPOSÉ

Lion

EXPRESSION CLÉ

Je sais

I.

La couleur porte-bonheur

Bleu comme l'eau, l'air et le ciel, qui représentent la vie. Portez cette couleur pour vous connecter à votre signe lorsque vous avez besoin d'un coup de pouce psychologique ou d'un peu de courage supplémentaire. Choisissez aussi des accessoires bleus – chaussures, gants, chaussettes, chapeau, voire sous-vêtements – si vous n'avez pas d'habits de cette couleur.

II.

Le jour porte-bonheur

Le mercredi. Le milieu de la semaine de travail pour la plupart d'entre nous. Le mot mercredi est issu du latin *Mercurii dies*, qui signifie « jour de Mercure ».

III.

Les pierres porte-bonheur

L'améthyste, portée par les monarques et les prêtres. Ses qualités purifiantes agissent pour soutenir une pensée et une connexion supérieures – les deux qualités du Verseau – tout en favorisant la guérison, l'amour, la fidélité, l'intuition et la clairvoyance.

IV.

Les lieux

Le Sri Lanka, la Finlande, l'Éthiopie et la Russie résonnent avec l'énergie du Verseau, friand d'innovation et d'idées progressistes. Les villes prisées par ce signe incluent Tallinn, Buenos Aires, Brighton, Salzbourg et Stockholm.

V.

Les vacances

Hautement adaptable et indépendant, le Verseau n'aime rien tant que de voyager hors des sentiers battus pour explorer de nouveaux endroits attrayants. Jeune de cœur et d'esprit, et heureux de parcourir de longues distances, le Verseau adore à la fois les grands espaces et l'agitation des grandes villes. Faire de la randonnée en Inde lui plaira tout particulièrement, quel que soit son âge.

VI.

Les fleurs

L'orchidée, symbole de luxe et de raffinement, renvoie à la connexion spirituelle du Verseau avec les autres. C'est une fleur également associée à la force mentale et à la virilité.

VII.

Les arbres

Le pommier, le poirier, le cerisier, le manguier et l'oranger, qui ont besoin d'eau pour grandir, s'alignent sur le Verseau. Des arbres fruitiers qui font l'objet de recherches pour la production de fruits hybrides tels que le tangelo, mélange entre le mandarinier et le pamplemoussier, et le pluot, appelé aussi abricot-prune.

VIII.

Les animaux

Comme on pouvait s'y attendre de la part d'un signe d'air, l'oiseau est l'animal de compagnie préféré du Verseau. En raison de leur grande sociabilité, un couple d'inséparables couleur bleu électrique ou un mainate beau parleur pourraient très bien convenir.

IX.

Les soirées

Le Verseau aime bien faire la fête et apprécie tout particulièrement les rassemblements informels et spontanés. Pour lui, un inconnu est un ami potentiel et quel meilleur endroit pour rencontrer des gens que lors d'une soirée ? Pour ce qui concerne le thème et le lieu, ils sont généralement inattendus. Côté cocktail, tout ce qui contient du curaçao, comme le blue lagoon ou le blue hawaiian, exalte l'esprit festif du Verseau.

Les caractéristiques du Verseau

Indépendant, attentionné, novateur et tolérant sont les mots clés associés au Verseau, dont la capacité de réflexion et d'aventure l'aide à ne jamais être ennuyeux. Les natifs de ce signe sont aussi considérés comme des personnes altruistes et équitables : le Verseau se préoccupe de l'Humanité dans son ensemble et rêve secrètement d'améliorer la vie de chacun de manière pratique. Les principes démocratiques sont chers à son cœur et il soutiendra avidement la liberté d'expression, l'accès à l'information et les droits de l'Homme. Le libre arbitre est au centre de la philosophie du Verseau, qu'il porte avec amour. C'est également la raison pour laquelle il a le cercle d'amis le plus large et le plus diversifié des signes du zodiaque ; à l'instar de sa représentation en porteur d'eau, il participe au courant.

Le Verseau a un vif intérêt pour les nouvelles technologies, par exemple Internet, qui permet de communiquer à travers le monde. Curieux à propos de tout ce qui touche à l'idée de connexion, il existe une sorte de convivialité fondamentale chez le Verseau, qui le rend très populaire.

Gouverné par Uranus, il voit les choses dans une perspective plus large et a plutôt tendance à ignorer ce qu'il considère comme secondaire, ce qui ne l'empêche pas de résoudre tous les problèmes de manière satisfaisante et imprévisible. Si le Verseau n'est pas avare en solutions, il est en revanche moins enclin à s'acharner pour les concrétiser. Le discours est une chose, le transformer en action en est une autre, surtout pour quelqu'un qui a souvent la tête dans les nuages. C'est ici que ses amis et connaissances auront un rôle important à jouer.

Cette légère réserve émotionnelle si caractéristique de ce signe est parfois confondue avec de la distance. Mais le Verseau est un ami chaleureux, même s'il ne recherche pas spécialement l'intimité. Cependant, lorsqu'il s'engage, il est extrêmement fidèle en amour et se montre capable d'offrir un soutien inconditionnel, ce qui est plutôt inhabituel venant de lui. Le fait que cet engagement ne soit assorti d'aucune condition peut parfois être interprété, à tort, comme un besoin de liberté, de sorte que le Verseau doit préciser qu'« inconditionnel » ne signifie pas pour autant « non engagé ». C'est aussi au Verseau d'utiliser sa prévenance et sa capacité à communiquer pour dévoiler ses sentiments les plus profonds, car ceux-ci ne sont pas toujours immédiatement évidents.

TEMPÉRER L'AIR

Les caractéristiques clés d'un signe solaire peuvent être compensées, voire renforcées, par les attributs des autres signes du thème natal, en particulier ceux de l'ascendant et de la Lune. Ce qui explique que, parfois, une personne ne semble pas être tout à fait conforme à la nature de son signe solaire. Cependant, les aspects des natifs du Verseau auront toujours une influence fondamentale dans la construction globale de sa personnalité.

Le corps du Verseau

Le Verseau est généralement robuste, sain et actif, avec un œil curieux et une vision intéressante sur le monde qui l'entoure. Son enthousiasme est souvent plus mental que physique car, bien que plein d'entrain, le Verseau n'aime rien de mieux que de s'asseoir pour discuter ; ce manque d'activité doit le conduire à surveiller son poids. Comme il est sans cesse tourné vers l'avenir, il fait généralement plus jeune que son âge et se montre plutôt agile. Ses mouvements ont tendance à être bien coordonnés et énergiques, comme s'il était toujours sur le point de se lancer dans une nouvelle aventure.

Santé

Le Verseau est associé à la circulation sanguine, au système lymphatique, ainsi qu'au bas des jambes, des genoux jusqu'aux chevilles. Très actif mentalement, le V[illegible] [illegible] il aura tendance à ne pas en tenir compte. Bien qu'il ait une constitution assez saine, lorsqu'il tombe malade, cela se produit souvent de façon brutale, mais il se rétablira rapidement, comme tous les signes gouvernés par Uranus. Robuste, le Verseau s'attend à surmonter tous les problèmes, ce qu'il fait d'ordinaire.

Exercice

Renforcer les muscles du bas du corps permet de soutenir les genoux, les chevilles et la circulation veineuse dans les jambes et d'éviter les problèmes comme les varices. Malgré cela, le Verseau se s'intéressera guère à l'exercice physique, car il se sert surtout de sa tête, et veut avoir tout le loisir de penser.

Comment le Verseau communique

Pour le Verseau, communiquer est aussi vital que de respirer, et il sera toujours ravi de partager ses pensées avec les autres. Il a une forte propension à réfléchir avant de parler et se montre souvent très doué dans l'expression de ses idées, car il prend le temps de transmettre ce qu'il a en tête avec précision. En outre, il a la particularité d'être assez objectif et de beaucoup s'investir cérébralement.

Bien que n'étant pas particulièrement critique, le Verseau apparaît comme très sûr de ses convictions, voire dogmatique à l'occasion. Par ailleurs, il préfère les discussions qui mettent en avant l'exercice intellectuel et l'amour du débat que l'attaque personnelle, même si cela peut le faire passer pour quelqu'un d'obstiné. Toutefois, il se montrera suffisamment conciliant et intelligent afin d'éviter une éventuelle escalade dans la discussion, acceptant les opinions contraires au nom du bien commun, ce qui est, après tout, l'apanage du Verseau.

Les métiers du Verseau

Comme vous pouvez l'imaginer de la part de quelqu'un qui fait montre d'une certaine conscience sociale et d'un intérêt pour l'Humanité dans son ensemble, le Verseau est spécialement attiré par les métiers des services à la personne. Gravitant souvent autour de l'enseignement, du travail social, du travail caritatif, des droits de l'Homme ou de l'ingénierie environnementale, le Verseau aime travailler dans des domaines où il pourra œuvrer pour le bien de tous. Même s'il ne s'engage pas frontalement dans une cause humanitaire, il essaiera d'y contribuer d'une manière ou d'une autre.

L'argent n'est pas un moteur pour le Verseau, bien que sa très bonne éthique de travail puisse lui permettre d'en gagner beaucoup. En revanche, les technologies sont un facteur déterminant : celui qui a développé une application d'alerte aux tsunamis disponible gratuitement dans le monde entier a probablement une forte influence du Verseau dans son thème natal, même s'il ne s'agit pas de son signe solaire. À bien des égards, le Verseau peut se résumer à travers l'expression « une cause bien défendue est une cause juste », car s'il peut apporter une contribution à la société, il le fera d'une manière ou d'une autre, quel que soit son choix de carrière.

Les résonances du Verseau

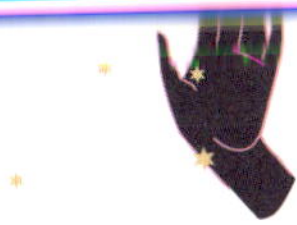

De l'amour aux amis, quand il s'agit des autres, comment le Verseau se comporte-t-il ? La connaissance des autres signes du zodiaque et de leur manière d'interagir peut être très utile dans l'analyse des relations, révélée par une compréhension des caractéristiques des signes solaires qui s'accorderaient ou au contraire se heurteraient. Cette perception à travers le cadre astrologique est précieuse, car elle peut dépersonnaliser les frictions potentielles, en tempérant ce qui semble être au départ en opposition.

L'harmonisation de ses relations peut parfois poser problème au Verseau. Elle dépend partiellement des autres influences planétaires en jeu dans le thème natal, atténuant ou améliorant certains aspects de son signe solaire, en particulier ceux qui peuvent se confronter aux autres signes.

La femme Verseau

Indépendante, amicale et extravertie, la femme Verseau est une grande romantique qui se méfie des tentatives de séduction trop lourdes, ce qui peut lui donner l'air farouche. C'est une personne très entourée, qui a plusieurs centres d'intérêt. Faites obstacle à sa liberté de penser ou de s'exprimer et elle partira sans même un regard pour vous.

FEMMES VERSEAU CÉLÈBRES

Écrivaine moderniste, Virginia Woolf a changé le visage de la littérature, comme les romancières féministes Germaine Greer et Toni Morrison l'ont fait des années plus tard. La chanteuse colombienne Shakira a fondé une association caritative, tandis qu'Oprah Winfrey est reconnue pour sa philanthropie. Ellen DeGeneres et Jennifer Aniston sont toutes deux très indépendantes.

L'homme Verseau

Le mental compte autant
que le corps pour cet homme
plutôt cérébral et ...

[illegible]

populaire en raison de sa vision
décomplexée de la vie
et de son attitude décontractée
et amicale. Il est également
l'un des signes du zodiaque
qui se marie le plus souvent,
mais s'il se sent pris au piège
il a tendance à divorcer
et à passer à autre chose.

HOMMES VERSEAU CÉLÈBRES

Abraham Lincoln a travaillé sans
relâche pour abolir l'esclavage,
Wolfgang Amadeus Mozart
a révolutionné le monde
de la musique et Charles D...

[illegible]

... même pour la légende
du basket-ball Michael Jordan,
et le chanteur Ed Sheeran.

Qui aime

qui ?

Verseau & Bélier

Ces deux signes ont la capacité de répondre à leurs attentes réciproques en matière d'indépendance, ce qui augure une bonne compatibilité, mais la domination ardente du Bélier pourra se montrer trop envahissante pour le Verseau épris de liberté.

Verseau & Taureau

Le Taureau pragmatique et amoureux de son foyer a tendance à trouver l'émancipation du Verseau difficile à vivre car elle entre en conflit avec sa nature possessive, alimentant des pensées anxieuses de chaque côté. Et puis, il existe une divergence d'opinion quant à l'instinct humanitaire du Verseau.

Verseau & Gémeaux

Ces deux signes d'air sont plutôt bien assortis, à la fois dans leur tempérament et leurs idées, et sont capables de vivre en harmonie tout en tolérant le besoin de liberté de chacun. La volonté de discuter enrichit leur relation, d'autant qu'ils n'ont aucune réserve à s'exprimer.

Verseau & Cancer

Le besoin de sécurité du Cancer
est fortement ancré dans

à l'origine de leurs difficultés.
Par conséquent, ils feront
de bien meilleurs amis.

Verseau & Lion

Vifs d'esprit et audacieux,
ces deux signes sont épris
de liberté, mais cela peut
se traduire de diverses manières :
le Lion à travers le luxe
et le regard des autres tandis que
le Verseau cherche davantage
un compagnon à son image.
Ils risquent, par conséquent,
de s'affronter.

Verseau & Vierge

Bien qu'assez proches
intellectuellement, leurs objectifs
ont tendance à être différents,
le Verseau cherchant sans cesse
à innover, tandis que la Vierge
a une perception plus pratique
des choses, ce qui pourrait finir
par générer des tensions entre eux.

Verseau & Scorpion

L'attirance est forte entre ces deux signes, mais l'imprévisibilité du Verseau et son envie de liberté peuvent sérieusement irriter les besoins intenses et les passions dévorantes du Scorpion, que le Verseau risque de trouver trop contraignants. Ils doivent se manipuler avec précaution.

Verseau & Balance

Cette combinaison sait vraiment s'amuser et susciter l'appétit de l'autre pour le plaisir. Bien que la Balance diplomate n'ait aucun problème avec la nature obstinée du Verseau, elle ne parviendra peut-être jamais à transformer ce qui a commencé comme un flirt en relation durable.

Verseau & Sagittaire

L'harmonie est palpable entre ces signes créatifs et autosuffisants ; aucun des deux n'est particulièrement jaloux et ils sont suffisamment imaginatifs pour maintenir un intérêt dans la chambre à coucher, où ils adoreront souvent se retrouver.

Verseau & Verseau

Ils se montrent si à l'aise l'un avec l'autre, avec une passion commune pour tout ce qui [illegible] ensemble afin de cimenter durablement leur relation.

Verseau & Poissons

En dépit d'une attirance mutuelle, la nature rêveuse et spirituelle du Poissons a besoin d'un ancrage suffisant dans le monde réel, une attache que le Verseau n'est pas en mesure de fournir, à moins d'envisager un compromis de chaque côté.

Verseau & Capricorne

La nature prudente du Capricorne a tendance à heurter l'inconstance du Verseau, ce qui pourra occasionner des querelles, d'autant que la connexion sexuelle entre ces deux signes risque de ne pas être assez puissante pour compenser leur déséquilibre.

Amour-o-mètre du Verseau

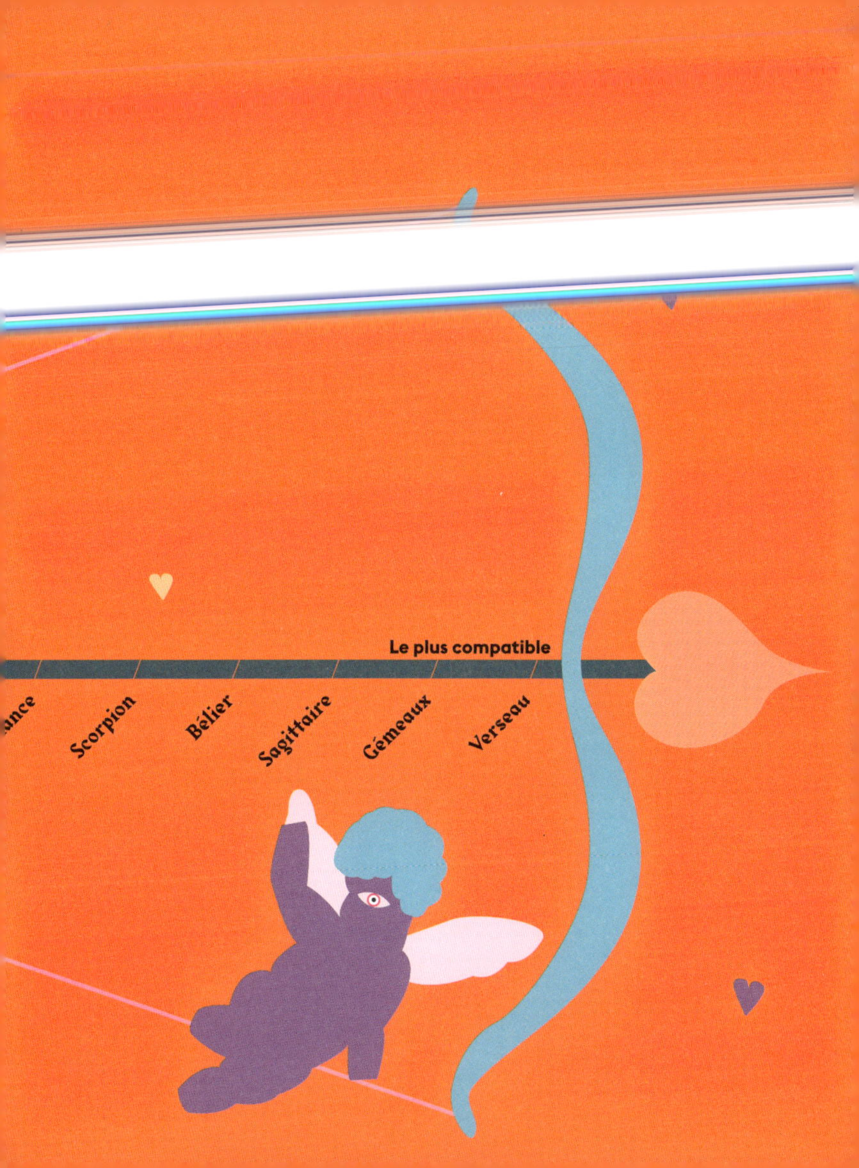
Le plus compatible
Scorpion
Bélier
Sagittaire
Gémeaux
Verseau

Son signe

II.

en détail

Dans cette section,
vous approfondirez la façon
dont votre signe solaire pourrait
vous guider ou vous brider,
et découvrirez comment utiliser
cet ensemble de connaissances
pour éclairer votre chemin.

Le foyer du Verseau

Le foyer du Verseau reflète avantageusement son goût pour le modernisme : il est composé pour l'essentiel de matériaux contemporains et de surfaces brillantes, agencés dans un style minimaliste et lumineux. Il est peu probable d'y trouver des antiquités, car elles représentent le passé aux yeux du Verseau, qui n'est pas particulièrement attaché aux biens de famille.

Signe d'air symbolisé par un porteur d'eau, le foyer du Verseau est un espace presque fluctuant, avec un mobilier assorti de nuances bleues et des paysages célestes ou marins étalés sur les murs. Il peut même y avoir aménagé un véritable plan d'eau ou installé un aquarium. Le Verseau n'est pas attiré par les intérieurs chaleureux, c'est pourquoi il préfère opter pour des planchers de bois franc ou poli et des meubles en cuir à ossature d'acier, plutôt que pour de luxueux tapis et des canapés moelleux. Socialement, il y aura toujours de la place pour les visiteurs et les invités prêts à converser jusqu'au bout de la nuit. Dans la maison du Verseau, les personnes qui y vivent sont bien plus importantes que les objets qui l'entourent.

CONSEILS DE BIEN-ÊTRE

- N'hésitez pas à demander de l'aide quand vous en avez besoin, ce n'est pas un signe de faiblesse.
- Méditer en marchant peut aider à renforcer les jambes tout en soulageant votre esprit.
- N'oubliez pas que des repas réguliers aideront à équilibrer votre énergie instable.

Bien-être

Sans surprise, le Verseau indépendant a l'habitude de se prendre en charge sans attendre un quelconque soutien des autres. Il est l'un des signes du zodiaque le moins hypocondriaques et se préoccupe rarement de sa santé, ne tenant pas compte des maux et des douleurs mineurs. L'inconvénient, c'est que quand quelque chose ne va pas, il peut lui falloir du temps avant de demander de l'aide et, à cause de cela, les choses risquent d'empirer au lieu de s'améliorer. Le Verseau est du genre à ne pas se conformer aux conseils médicaux après être revenu d'un séjour au ski une jambe plâtrée. Il faut pourtant qu'il soit un peu plus à l'écoute de son corps pour éviter l'escalade des problèmes.

Toutefois, le Verseau a besoin des autres de temps en temps, et accepter et apprécier cet aspect de la nature humaine l'aidera à prendre soin de lui-même. S'il reconnaît volontiers que, pour reprendre les mots du célèbre poète John Donne, « Nul homme n'est une île, un tout en soi ; tout homme est un fragment du continent, une partie l'ensemble », il n'applique pas toujours ce conseil. En visant un idéal humanitaire, il sera plus facile pour le Verseau de se prendre en charge tout en conservant sa très chère indépendance.

LES ESSENTIELS DANS LA CUISINE DU VERSEAU

- Une gamme complète d'herbes aromatiques séchées et d'épices.
- Des pois chiches (ou haricots garbanzo) en conserve, des tomates fraîches et du thon.
- De l'extra haut de gamme comme des truffes noires, des grains de farro et des cœurs d'artichaut.

Nourriture et cuisine

Le menu du Verseau peut être assez inattendu. Compte tenu de sa spontanéité et de ses décisions de dernière minute, le Verseau audacieux n'accorde pas beaucoup d'importance à quelque chose d'aussi banal que la nourriture alors qu'il est en train de sauver la planète. La composition de son assiette tient donc davantage de l'improvisation que d'une planification minutieuse. Élaborer un repas avec tout ce qui se trouve dans le réfrigérateur peut entraîner des résultats assez surprenants, et si un ingrédient manque à l'appel, il sera remplacé au pied levé – des pâtes à la place du riz, par exemple – avec plus ou moins de réussite. Un repas avec le Verseau est souvent une nouvelle expérience.

CONSEILS FINANCIERS

- Méfiez-vous des montages spéculatifs trop expéditifs, ce n'est pas le point fort du Verseau.
- Gardez une trace de tous vos documents financiers : c'est ennuyeux mais essentiel.
- Conservez un petit fonds d'évasion pour nourrir vos rêves d'aventure et d'indépendance.

Comment le Verseau gère l'argent

Le Verseau s'intéresse modérément à l'argent en tant que tel, et préfère s'en servir comme un moyen de parvenir à ses fins, car l'argent lui offre de multiples possibilités d'indépendance. La combinaison des qualités humaines et innovantes du Verseau permet souvent à ses idées entrepreneuriales de créer de la richesse, presque en tant que sous-produit plutôt que comme objectif principal. Il veut surtout gagner de l'argent de façon intéressante et est davantage susceptible d'investir dans un plan un peu fou, mais auquel il aura bien réfléchi, que de dissimuler de l'argent sous son matelas. Si on examine les données du classement Forbes des cent personnes les plus riches du monde, le Verseau est en deuxième position des signes le plus présents (derrière le Lion). En fait, le Verseau n'a pas de soucis avec l'argent car ce n'est qu'une marchandise pour lui, avec laquelle il n'entretient aucun lien émotionnel, c'est ce qui explique probablement son succès financier. Le Verseau aime redistribuer et se montre souvent généreux envers les œuvres caritatives.

Le Verseau et la hiérarchie

Répondre aux exigences de son patron est parfois délicat pour ce signe indépendant, tandis que travailler en équipe lui demandera davantage de réflexion et d'accommodement que pour la plupart d'entre nous. Néanmoins, en raison de son engagement à l'égard d'une situation dans son ensemble, une fois qu'il aura acquis la certitude d'œuvrer pour le bien commun de l'entreprise, le Verseau se mettra au travail en tenant plus facilement compte de ce que ses supérieurs attendent de lui.

Souvent apprécié pour son approche innovante dans la résolution des problèmes, le Verseau peut être sollicité pour son autonomie et sa judicieuse répartition des tâches, à condition, bien entendu, de s'entendre au préalable avec la direction. La communication, le point fort du Verseau, est un excellent outil professionnel, particulièrement adapté lorsqu'il s'agit de faire avancer les choses.

Le Verseau est un véritable bourreau de travail qui ne compte pas ses heures, mais il doit être certain que cela en vaut la peine ; c'est ainsi qu'il pourra contribuer à des progrès futurs.

COMMENT SE METTRE LE PATRON DANS LA POCHE

- Continuez à communiquer, surtout si vous voulez faire les choses différemment.
- Parlez avec votre patron pour acquérir plus d'indépendance sur votre lieu de travail.
- N'oubliez pas que les règles sont conçues pour la bonne marche de toute l'entreprise, et non pour inhiber vos capacités !

CONSEILS POUR UNE VIE PLUS FACILE

- Si vous voulez sauver la planète, adoptez un système de recyclage facile d'utilisation.
- Servez-vous d'un calendrier commun pour établir les activités sociales.
- N'oubliez pas que les tâches domestiques sont l'affaire de tous, y compris du Verseau.

Vivre avec le Verseau

« Vivre et laisser vivre » aurait pu être une devise inventée par le Verseau, car ces mots résument bien son comportement en matière de cohabitation. C'est aussi ce qu'il attend de ses colocataires ou de ses partenaires, et ce qui pourrait éventuellement générer des frictions s'ils ne sont pas sur la même longueur d'ondes que lui.

Le Verseau est souvent absent de chez lui, et lorsqu'il n'est pas au travail, il voyage pour le plaisir, parfois dans des endroits très éloignés. En conséquence de quoi, il a pris l'habitude de se débrouiller seul tout en étant en mesure de bien s'entendre avec des individus très différents. L'avantage est qu'il peut se montrer assez tolérant et ouvert à la discussion, de sorte que la plupart des problèmes domestiques sont facilement résolus. Quand il est présent, le Verseau est très sociable, il peut passer des heures à table à discuter des dernières nouvelles du monde.

Il aborde la vie de famille de manière soit virevoltante, soit méthodique, car le Verseau est trop imprévisible pour se conformer à une routine. Parfois, il peut aussi avoir besoin qu'on le rappelle à l'ordre, mais c'est peu probable dans la mesure où il apprécie tout de même un certain degré d'organisation.

Comment gérer une rupture

Le Verseau n'est pas fan des montagnes russes émotionnelles qui ont tendance à se manifester au cours d'une rupture et continueront souvent après la fin de la relation. Son comportement a beau être imprévisible, il ne souhaite pas blesser les autres et prendra également le temps et l'énergie émotionnelle nécessaires au cœur pour guérir. Cela explique également pourquoi le Verseau met souvent du temps à s'engager dans une relation, préférant d'abord opter pour un rapprochement amical avant de déclarer ouvertement sa flamme. Qu'il soit à l'origine ou non de la rupture, ce que le Verseau attend aussi, c'est de pouvoir conserver l'amitié de son ex une fois la séparation actée, ce qui ne sera pas toujours du goût des autres.

CONSEILS POUR UNE RUPTURE PLUS DOUCE

* N'ignorez pas les signaux d'avertissement et discutez-en le plus tôt possible.
* Acceptez qu'il n'est pas toujours possible de tout résoudre, puis passez à autre chose.
* Confiez-vous à un ami proche et prenez le temps de récupérer.

Comment le Verseau désire être aimé

La réponse la plus simple à cette interrogation semble être : à distance. Il y a une sorte de réserve chez le Verseau qui lui donne l'air détaché, ce qui peut rendre difficile toute tentative d'approche, surtout pour ceux qui se font du souci pour lui. Une attention trop excessive a tendance à l'oppresser ; c'est une aversion naturelle chez lui, donc il vaut mieux être conscient de son besoin d'indépendance. Mais croire qu'il a en horreur la moindre notion d'engagement ne serait pas tout à fait juste, même si son comportement peut le suggérer, ce serait une erreur de le prendre pour argent comptant. La communication, qui est la caractéristique principale du Verseau, peut se révéler très utile ici, d'autant qu'il préfère les approches directes.

L'amitié est fondamentale pour lui, et ses amis sont si excentriques et différents en termes d'âge, de style culturel et de personnalité, qu'il serait difficile de déterminer ce qu'ils ont en commun ou par quel type de personne le Verseau est attiré. Le problème avec son esprit curieux et sa convivialité en général est que cela entraîne forcément des attentes. Ainsi, celui qui se trouve au centre de l'attention du Verseau pourrait penser que son intérêt est de nature romantique. Cela peut prendre beaucoup de temps pour en être sûr !

Si ceux qui tentent de séduire le Verseau peuvent rester perplexes face à son comportement, le Verseau l'est également lorsque ses relations se compliquent, car il se perçoit, bien entendu, comme quelqu'un de tout à fait raisonnable. Il désire être aimé par une personne aussi indépendante que lui, mais disponible et active, à la fois en esprit et avec le corps. Se conduire avec lui de façon spontanée convient au Verseau, tant que cela reste – paradoxalement – prévisible. Trouvez une cause commune, mais ne l'écrasez surtout pas.

Partager des centres d'intérêt est toujours une bonne chose dans une relation, en particulier avec le Verseau. En réalité, être en couple avec lui sous-entend la mise en place d'un projet commun capable de stimuler sa forte activité mentale. Cela permettra au Verseau le plus timide (oui, il existe !) de trouver chaussure à son pied et d'apprendre à croire que sa façon d'aimer inconditionnelle, et non conventionnelle, ne sera pas rejetée. Parce que, souvent, le Verseau éprouve un sentiment d'insécurité et ce n'est qu'avec le temps qu'il s'engagera. Quand il fait une promesse, il est susceptible de l'honorer. Il est généreux et tolérant, et sera heureux de bâtir son avenir avec quelqu'un.

CONSEILS POUR AIMER LE VERSEAU

- Il est capable d'offrir un amour inconditionnel mais a tendance à attendre la même chose en retour.
- Soyez honnête au sujet de vos sentiments et respectez ses valeurs humanitaires.
- Surprenez-le : le Verseau adore l'inattendu.

La vie sexuelle du Verseau

Rappelez-vous les termes qui s'appliquent généralement à ce signe tels que spontané, expérimental et surprenant. Oui, c'est aussi valable pour la chambre à coucher, et il ne fait aucun doute que, pour le Verseau, le sexe est surtout une affaire intense, passionnante et passionnée, voire quelque peu délurée. Mais il existe un paradoxe : le Verseau peut se montrer assez sérieux et réfléchi, bien qu'une fois au lit il est rarement si prudent, cela peut lui prendre un certain temps avant d'en arriver là, car il n'a pas grand-chose d'un séducteur. En fait, une relation sexuelle avec lui débute souvent dans la tête, car la stimulation primaire du Verseau est d'abord intellectuelle.

Le Verseau ne raffole pas des rencontres d'un soir ; en effet, il adore communiquer avec ses différents partenaires de manière spirituelle. Voilà qui peut ressembler à de la lenteur, et même à un excès de prudence, mais cela a généralement plus à voir avec la tendance du Verseau à se concentrer sur un seul individu à la fois, qu'il souhaite véritablement connaître. Malgré les apparences, il n'est en aucun cas un amoureux classique. Une fois engagé, le Verseau risque de surprendre par ses conversations érotiques, et n'est pas contre de nouvelles positions sexuelles ou des lieux inhabituels.

En
III.

savoir plus

Le signe solaire ne dévoile qu'une petite partie de la personnalité d'un individu. Dans cette section, vous apprendrez à décoder les nuances de votre thème natal et découvrirez un nouveau niveau de compréhension astrologique.

Votre thème natal

Votre thème natal est l'instantané d'un moment particulier, dans un lieu spécifique, à l'instant précis de votre naissance et vous est donc totalement personnel. Il est comme un plan, une photographie, une déclaration d'occurrence, qui énonce les traits et les influences possibles – mais il ne s'agit pas de votre destin. Le thème natal est une carte symbolique à laquelle vous pouvez vous référer, fondée sur la position des planètes lors de votre naissance. Si vous ne pouvez pas vous rendre chez un astrologue, de nos jours il est possible de consulter son thème natal en quelques minutes en ligne (voir page 108 pour une liste des sites et applications). Même si vous ne connaissez pas l'heure exacte de votre naissance, connaître la date et le lieu permet de poser les prémices d'un modèle utile.

Rappelez-vous, rien n'est intrinsèquement bon ou mauvais en astrologie et il n'y a pas d'annonce explicite ou de prévision : il s'agit plutôt d'influences et de la façon dont celles-ci pourraient se manifester positivement ou négativement. Et si nous maîtrisons les outils avec lesquels nous pouvons effleurer, voir ou interpréter les opportunités et notre environnement, cela nous donne une base sur laquelle travailler.

Lorsque vous examinez votre thème natal, il est nécessaire de comprendre d'abord la nature des données à votre disposition : non seulement les signes astrologiques et ce qu'ils représentent, mais aussi les dix planètes mentionnées en astrologie et leurs caractéristiques individuelles, ainsi que les douze

vous commencez à saisir comment ils peuvent se juxtaposer, le schéma d'ensemble devient beaucoup plus intelligible et nous commençons à obtenir des informations qui peuvent nous être utiles.

D'une manière générale, chacune des planètes suggère un type d'énergie différent, les signes astrologiques indiquent les différentes façons dont cette énergie pourrait s'exprimer, tandis que les maisons représentent des domaines d'expérience dans lesquels cette expression pourrait opérer.

Ensuite, la position des signes se situe en quatre points clés : l'ascendant et son opposé, le descendant ; puis le milieu du ciel (MC pour *medium coeli*) et son opposé, le fond du ciel (IC pour *imum coeli*), sans oublier les différents aspects générés par les congrégations de signes et de planètes.

Il est maintenant possible de voir à quel point la lecture d'un thème natal peut être subtile et combien elle est à la fois infinie dans sa variété et très spécifique à un individu. Avec ces informations et une compréhension pratique de la signification symbolique et des influences des signes, des planètes et des maisons de votre profil astrologique unique, vous pouvez commencer à utiliser ces outils pour vous aider dans vos prises de décision et bien d'autres aspects de votre vie.

Lire votre thème

Si vous avez préparé votre thème natal, soit à la main, soit sur un site en ligne, vous verrez un cercle divisé en douze segments, avec des informations regroupées en différents points indiquant la position de chaque signe du zodiaque, les segments sur lesquels ils apparaissent et à quel degré. Quelles que soient les caractéristiques pertinentes pour l'individu, chaque thème suit le même schéma en matière d'interprétation.

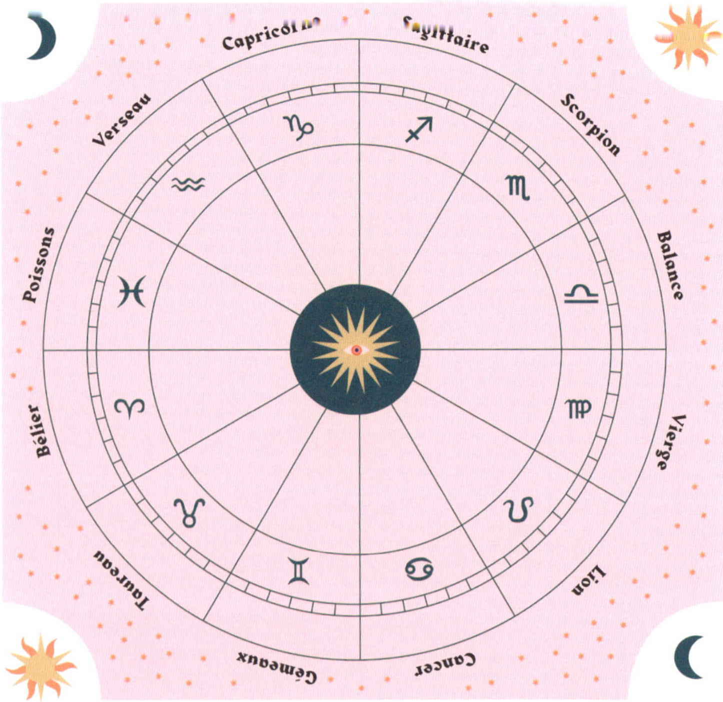

Compte tenu de l'heure, du lieu de naissance et de la position des planètes à ce moment, le thème natal, parfois appelé thème astral, est dressé.

Si vous considérez la roue du zodiaque comme un cadran d'horloge, la première [illegible]

[illegible] fil des douze segments du graphique. Le point de départ, le neuf, est également le point correspondant au signe et au degré qui se trouvaient au-dessus de l'horizon oriental au moment exact de votre naissance, vous donnant votre ascendant. En face, sur le trois du cadran de l'horloge, se trouve votre signe descendant. Le milieu du ciel de votre thème est au douze, et son opposé, l'IC, au six (voir pages 101-102).

Saisir la signification des signes astrologiques et des planètes, leurs énergies particulières, leurs emplacements et leurs aspects les uns par rapport aux autres peut être très utile pour mieux se positionner et démêler nos rapports avec les autres.

Dans la vie de tous les jours, la configuration changeante des planètes et de leurs effets est beaucoup plus facile à interpréter avec une connaissance élémentaire de l'astrologie, tout comme les schémas récurrents qui peuvent parfois renforcer ou retarder les opportunités et les possibilités. Travailler avec ces tendances, plutôt que contre, peut simplifier la vie et la rendre plus prospère.

L'influence de la Lune

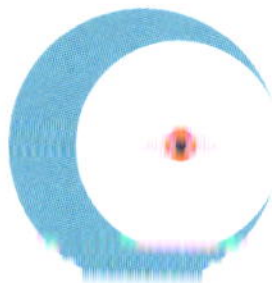

Si votre signe solaire représente votre conscience, votre force vitale et votre volonté individuelle, la Lune représente cet aspect de votre personnalité que vous avez tendance à dissimuler. C'est le domaine de l'instinct, de l'intuition, de la créativité et de l'inconscient, qui peut vous emmener émotionnellement dans des endroits parfois difficiles à appréhender. C'est ce qui confère une subtilité et de la nuance bien au-delà de son signe solaire. Vous pouvez ainsi avoir votre Soleil en Verseau avec ce que cela signifie, contré par une Lune sensible et empathique en Cancer ; ou vous pouvez avoir votre Soleil en Taureau, mais une Lune en Verseau avec tout le détachement rebelle et émotionnel que cela implique.

Les phases de la Lune

La Lune effectue une révolution complète autour de la Terre en vingt-neuf jours environ. Sa surface à un moment donné est déterminée par la quantité de lumière du Soleil qu'elle réfléchit

passe du premier croissant au premier quartier ; puis à la lune gibbeuse croissante, suivie de la phase de pleine lune. Ensuite, la lune commence à décroître avec la lune gibbeuse décroissante jusqu'au dernier quartier, avant que le cycle ne recommence. Les phases de la lune se déroulent sur quatre semaines. Lorsque nous avons deux pleines lunes au cours d'un mois civil, la seconde est appelée lune bleue. Chaque mois, la Lune se déplace également à travers un signe astrologique, comme nous pouvons le constater par le biais du thème natal. Un mouvement qui apporte des informations – une Lune en Scorpion peut avoir une action très différente d'une Lune en Capricorne –, et selon son propre thème natal, elle peut avoir une influence changeante chaque mois. Par exemple, si la Lune dans votre thème est en Vierge, alors lorsque la véritable Lune va se déplacer en Vierge, elle aura un rayonnement supplémentaire. Consultez les caractéristiques des signes du zodiaque pour plus d'informations (voir pages 12-17).

Le cycle de la Lune a une portée énergétique dont l'effet est assez facilement vérifiable sur les marées océaniques. En astrologie, parce que la Lune est un symbole de fertilité en accord avec notre psychologie profonde, elle est souvent utile pour nous aider à nous concentrer de manière créative sur les aspects les plus importants de notre vie.

Les éclipses

De manière générale, une éclipse correspond à l'occultation d'une source de lumière par un objet physique. Astrologiquement parlant, cela dépendra de la position du Soleil ou de la Lune par rapport aux autres planètes. Donc, si une éclipse solaire est en Gémeaux, il y aura forcément une influence géminienne ou un impact sur le Gémeaux.

Éclairer ou jeter un voile sur un pan de notre existence est comme une invitation à y prêter davantage attention. Les éclipses marquent généralement un début ou une fin, c'est pourquoi nos ancêtres les considéraient comme des présages, des événements importants. Comme il est possible de savoir quand une éclipse va se produire, celles-ci sont cartographiées astronomiquement ; par conséquent, leur signification astrologique peut être évaluée et traitée par avance.

Les dix planètes

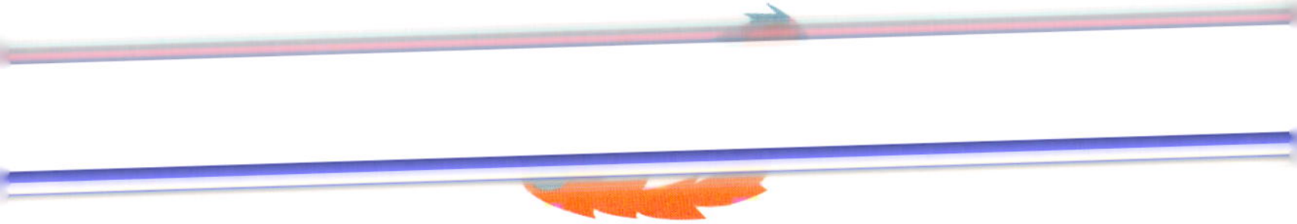

En matière d'astrologie (contrairement à l'astronomie, où le Soleil, par exemple, est une étoile), on distingue dix planètes, et chaque signe astrologique est gouverné par une planète maîtresse. Mercure, Vénus et Mars sont assignées à deux d'entre eux. Les planètes ont une importance fondamentale car leur énergie psychique influence le caractère d'une personne. Ainsi, la connaissance des caractéristiques de chaque planète permet de compléter et interpréter le thème natal.

La Lune

Cet astre à la fois opposé au Soleil et formant un duo avec lui (les luminaires) représente la part féminine. La Lune symbolise le contrôle et la réceptivité, elle est à l'origine de nos réactions instinctives et sentimentales.

Gouverne le signe du Cancer.

Le Soleil

Le Soleil représente la part masculine et est considéré comme l'énergie à l'origine de la vie, ce qui suggère une dynamique paternelle dans notre thème natal. Il symbolise également l'ego, notre moi social, et notre raison d'être.

Gouverne le signe du Lion.

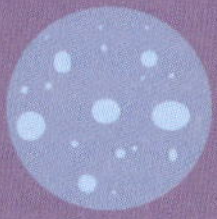

Mercure

Mercure est la planète du discours et symbolise notre envie de donner un sens à nos pensées, de comprendre et de communiquer par des mots.

Gouverne les signes du Gémeaux et de la Vierge.

Vénus

La planète de l'amour est associée à l'attraction, à la connexion et au plaisir. Dans un thème féminin, elle symbolise le style de féminité, tandis que dans un thème masculin, elle représente le partenaire idéal.

Gouverne les signes du Taureau et de la Balance.

Mars

Cette planète symbolise l'énergie pure (Mars étant, après tout, le dieu de la guerre) mais elle indique aussi dans quels domaines vous êtes le plus susceptible de vous affirmer, d'être agressif ou de prendre des risques.

Gouverne les signes du Bélier et du Scorpion.

Saturne

Saturne est parfois comparée à un vieux sage ou au maître d'œuvre de l'astrologie, symbolisant les leçons apprises et leurs limites ; nous montrant la valeur de la détermination, de la ténacité et de la résilience.

Gouverne le signe du Capricorne.

Jupiter

Jupiter est la plus grande planète de notre système solaire ; elle symbolise la générosité et la bienveillance, et, par conséquent, tout ce qui est expansif et jovial. Comme le signe qu'elle gouverne, elle pousse au voyage et à l'exploration.

Gouverne le signe du Sagittaire.

Uranus

Cette planète symbolise l'inattendu, les nouvelles idées et l'innovation ; le besoin de démolir l'ancien et de bâtir le nouveau. Elle peut aussi marquer une incapacité à s'intégrer et donc le sentiment d'être un étranger.

Gouverne le signe du Verseau.

Pluton

Alignée sur Hadès (*Pluto* en latin), le dieu des Enfers et de la mort, cette planète symbolise une forte puissance [illegible]

Gouverne le signe du Scorpion.

Neptune

Liée à l'élément de l'eau, elle est en relation avec tout ce qui est trop profond pour être vu clairement. Sensible, intuitive et artistique, Neptune symbolise également la capacité d'aimer inconditionnellement, de pardonner et d'oublier.

Gouverne le signe du Poissons.

Les quatre éléments

Les douze signes du zodiaque sont divisés en quatre éléments fondamentaux : la terre, le feu, l'air et l'eau, qui apportent de nouvelles caractéristiques. Ils proviennent de la médecine antique, où le corps était considéré comme composé de fluides corporels ou « humeurs ». Ces quatre humeurs – sang, bile jaune, bile noire (atrabile) et phlegme (pituite) – correspondaient aux quatre tempéraments – sanguin, colérique, mélancolique et flegmatique –, aux quatre saisons de l'année – printemps, été, automne, hiver – et aux quatre éléments.

Liées à l'astrologie, ces qualités symboliques éclairent davantage les nombreux attributs des différents signes. Carl Jung les a également utilisés en psychologie – ce qu'il a défini comme des « archétypes » –, et nous décrivons parfois les autres comme étant « dans leur élément ». En astrologie, les signes solaires qui partagent le même élément sont censés éprouver une affinité ou une compréhension mutuelle.

Dans tous les domaines, il existe du positif et du négatif, et prendre également conscience de ces « parts sombres » peut être utile pour la connaissance de soi et de ce qu'il est possible d'améliorer ou d'équilibrer, en particulier dans nos rapports avec les autres.

L'air

GÉMEAUX ✱ BALANCE ✱ VERSEAU

Le monde des idées est un domaine où ces signes aériens excellent. Intuitifs, visionnaires et capables d'apprécier une image dans son ensemble, les signes d'air ont une facilité à analyser la situation. Trop d'air, cependant, peut dissiper les intentions, donc le Gémeaux peut se montrer indécis, la Balance a tendance à demeurer ambiguë, tandis que le Verseau peut se désengager.

Le feu

BÉLIER ✱ LION ✱ SAGITTAIRE

On trouve beaucoup de chaleur et d'énergie dans ces signes ; une approche positive de la vie, de la spontanéité et de l'enthousiasme qui peuvent être très inspirants et motivants pour les autres. L'inconvénient est que le Bélier risque de se précipiter tête la première, le Lion peut avoir un grand besoin d'attention et le Sagittaire une tendance à ne pas respecter ses promesses.

La terre

TAUREAU ✱ VIERGE ✱ CAPRICORNE

De façon assez notable, ces signes jouissent des plaisirs sensuels, savourant la nourriture et d'autres satisfactions physiques. Optant pour le pragmatisme, ils préfèrent se fonder sur des faits. L'inconvénient est que le Taureau peut être têtu, la Vierge se montre parfois pointilleuse et le Capricorne peut s'installer dans un conservatisme obstiné.

L'eau

CANCER ✱ SCORPION ✱ POISSONS

Les signes d'eau sont réactifs, comme le flux et le reflux de la marée, et peuvent se révéler très perspicaces et intuitifs, parfois même de manière étrange, en raison de leur capacité à ressentir. L'inconvénient est une certaine propension à se sentir submergé, puisque le Cancer est à la fois tenace et auto-protecteur, le Poissons insaisissable et le Scorpion imprévisible et intense.

Signes cardinaux, fixes et mutables

En plus de leur répartition en quatre éléments, les douze signes sont regroupés en trois subdivisions, selon lesquelles leurs énergies peuvent agir ou réagir, donnant plus de profondeur aux caractéristiques de chaque signe.

Cardinaux

BÉLIER ✱ CANCER ✱ BALANCE ✱ CAPRICORNE

Ils sont liés à des planètes d'action et dotés d'une énergie qui leur permet de prendre l'initiative. Le Bélier a la vision, le Cancer les sentiments, la Balance les contacts et le Capricorne la stratégie.

Fixes

TAUREAU ✸ LION ✸ SCORPION ✸ VERSEAU

Plus lents mais plus déterminés, ces signes travaillent à maintenir les projets qui [illegible] des conseils [illegible] vous pouvez compter sur les signes fixes, même s'ils ont tendance à résister au changement.

Mutables

GÉMEAUX ✸ VIERGE ✸ SAGITTAIRE ✸ POISSONS

Flexibles aux nouvelles idées, endroits et personnes, les signes mutables ont une capacité unique à s'adapter à leur environnement. Le Gémeaux est mentalement agile, la Vierge est pratique et polyvalente, le Sagittaire visualise les possibilités et le Poissons est sensible au changement.

Les douze maisons

Le thème natal est divisé en douze maisons figurant des secteurs distincts et des domaines de l'existence. Quand on dit que vous avez quelque chose dans une maison spécifique – par exemple, la Balance (l'équilibre) dans la cinquième maison (la créativité et le sexe) –, cela permet d'interpréter les influences qui peuvent survenir et qui sont propres à la façon dont vous gérez votre vie.

Chaque maison se rapporte à un signe solaire, et chacune est représentée par certaines des caractéristiques de ce signe, qui illustre en quelque sorte son autorité naturelle.

Trois de ces maisons sont considérées comme mystiques, liées à notre monde intérieur et psychique : la quatrième (le foyer), la huitième (la renaissance), la douzième (les secrets).

1re Maison

L'EGO

GOUVERNÉE PAR LE BÉLIER

Cette maison symbolise l'ego : vous, qui vous êtes et comment vous vous représentez, vos goûts, vos aversions et votre philosophie de la vie. Elle représente aussi la manière dont vous vous voyez et ce que vous voulez.

2e Maison

LES POSSESSIONS

GOUVERNÉE PAR LE TAUREAU

La deuxième maison symbolise vos biens, ce que vous possédez, y compris l'argent ; comment vous gagnez ou vous procurez vos revenus ; votre sécurité matérielle et les choses physiques que vous emportez avec vous au cours de votre vie.

3e Maison

LA PENSÉE

GOUVERNÉE PAR LE GÉMEAUX

Cette maison parle de communication et d'état d'esprit ; principalement de la façon dont vous vous exprimez. Il s'agit également de la manière dont vous fonctionnez au sein de votre famille, dont vous vous rendez en cours ou au travail, dont vous pensez, parlez, écrivez et apprenez.

LE FOYER

GOUVERNÉE PAR LE CANCER

Cette maison se rapporte à vos racines et à votre foyer, présents, passés et futurs. Elle concerne donc à la fois votre enfance et votre vie privée, ainsi que la sécurité de votre foyer et ce que cela représente pour vous.

5e Maison

LA CRÉATIVITÉ

GOUVERNÉE PAR LE LION

Présentée comme la maison de la créativité et du jeu, elle inclut également le sexe, l'envie créative et la libido sous toutes ses formes. Il est aussi question de spéculer sur la finance, l'amour, le plaisir, l'affection et les affaires de cœur.

6e Maison

LA SANTÉ

GOUVERNÉE PAR LA VIERGE

Cette maison est liée à la santé : notre propre santé physique et émotionnelle ; mais aussi à la santé de ceux dont nous nous soucions, sur lesquels nous veillons ou à qui nous apportons un soutien.

7e Maison

LES RELATIONS

GOUVERNÉE PAR LA BALANCE

Opposée à la première maison, elle reflète les objectifs partagés et les partenariats intimes, notre choix de partenaire de vie et le succès de nos relations. Elle concerne tout autant les associés et les adversaires du monde professionnel.

8e Maison

LA RENAISSANCE

GOUVERNÉE PAR LE SCORPION

La mort, la régénération et la transformation spirituelle : cette maison évoque également les questions d'héritage dans les traits de personnalité ou matériellement. Et parce que la renaissance implique le sexe, elle traite aussi des émotions sexuelles.

9e Maison

LE VOYAGE

GOUVERNÉE PAR LE SAGITTAIRE

La maison du voyage et de l'exploration ; elle reflète l'ouverture d'esprit que le lointain peut apporter et la façon dont cela peut s'exprimer. Elle parle également de pensée abstraite, qu'elle soit issue d'une réflexion ou d'une publication.

10e Maison

LES ASPIRATIONS

GOUVERNÉE PAR LE CAPRICORNE

Elle représente nos aspirations et notre statut, tout ce qui concerne la vie publique, nos ambitions, notre image et les objectifs que nous aimerions atteindre à la faveur de nos efforts.

11e Maison

LES AMITIÉS

GOUVERNÉE PAR LE VERSEAU

La onzième maison concerne tant les amis et les connaissances que les projets et les idées ; moins la satisfaction immédiate et davantage les rêves à long terme et comment ceux-ci pourraient se réaliser grâce à notre capacité à travailler en harmonie avec les autres.

12e Maison

LES SECRETS

GOUVERNÉE PAR LE POISSONS

Considérée comme la maison la plus spirituelle, elle est aussi la maison de l'inconscient, des secrets et du « cadavre dans le placard ». Elle évoque également la façon dont nous pourrions nous auto-saboter ou gâcher nos propres tentatives en ne les sondant pas suffisamment.

L’ascendant

Aussi qualifié de « signe ascendant », c’est le signe du zodiaque qui apparaît à l’horizon lorsque l’aube se lève le jour de votre naissance, selon le lieu et l’heure. C’est pourquoi connaître votre heure de naissance est un facteur très utile en astrologie, car votre signe ascendant fournit de nombreuses informations sur les aspects de votre personnalité les plus perceptibles, par exemple votre façon de vous présenter ou d’être vu par les autres. Donc, si votre signe solaire correspond au Verseau mais que votre ascendant est le Cancer, vous serez considéré comme quelqu’un de maternel, avec un attachement notable à la vie domestique d’une manière ou d’une autre. Connaître votre propre ascendant – ou celui d’une autre personne – aidera souvent à expliquer pourquoi il ne semble pas y avoir parfois de corrélation directe entre la personnalité et le signe solaire.

Lorsque vous connaissez votre heure et votre lieu de naissance, il est très facile de déterminer votre ascendant à l’aide d’un site ou d’une application en ligne (voir page 108). Demandez simplement à l’un de vos parents ou à un autre membre de la famille, ou encore vérifiez votre acte de naissance (dans les pays qui précisent l’heure de naissance). Le thème natal étant semblable à un cadran d’horloge, l’ascendant se trouve sur le neuf.

Le descendant

Le descendant donne un indice sur le partenaire de vie possible, fondé sur l'idée que les contraires s'attirent. Une fois que vous connaissez votre ascendant, le descendant est facile à trouver car il est toujours à six signes de distance : par exemple, si votre ascendant est Vierge, votre descendant est Poissons. Le thème natal étant semblable à un cadran d'horloge, le descendant se trouve sur le trois.

Le milieu du ciel (MC)

Le milieu du ciel ou MC (du latin *medium coeli*) est également inclus dans votre thème natal, et indique votre attitude envers le travail, vos carrière et statut professionnel. Le thème natal étant semblable à un cadran d'horloge, le milieu du ciel se trouve sur le douze.

Le fond du ciel

Votre fond du ciel ou IC (du latin *imum coeli*) évoque votre conduite à l'égard de votre foyer et famille, et est aussi lié à la fin de votre vie. Votre IC se situe à six signes de votre MC : par exemple, si votre MC est Verseau, votre IC sera Lion. Le thème natal étant semblable à un cadran d'horloge, l'IC se trouve sur le six.

Le retour de Saturne

Saturne est l'une des planètes les plus lentes du système solaire, puisqu'elle met environ vingt-neuf ans pour revenir à la place qu'elle occupait dans le ciel au moment de votre naissance. Ce transit peut durer entre deux et trois ans et être particulièrement tangible aux environs de la période qui couvre vos trentième et soixantième anniversaires.

Parce que l'énergie de Saturne est parfois perçue comme contraignante, ce n'est pas toujours un passage facile à vivre. Bien que son influence soit ressentie comme pondérée ou éprouvante, certains voient dans le retour de Saturne un « mal pour un bien », à la manière d'un enseignant rigoureux chargé de nous montrer le chemin.

Tout le monde est capable d'expérimenter le retour de Saturne en fonction de sa situation et de ses besoins. Il représente souvent l'occasion de faire le point, de lâcher tout ce qui vous encombre, de réviser vos attentes et de penser davantage aux choses que vous aimez. Donc, si vous vous apprêtez à traverser cette période, vivez-la pleinement et travaillez de concert avec elle parce que ce que vous apprendrez – surtout à propos de vous-même – est chaque fois un moment gratifiant, si turbulent soit-il. Et cela pourrait bien porter ses fruits quant à la façon dont vous envisagerez les trente années suivantes !

Mercure rétrograde

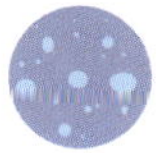

Même ceux qui s'intéressent peu à l'astrologie sont au courant lorsque la planète Mercure rétrograde. Astrologiquement parlant, les rétrogrades sont des périodes où les planètes sont stationnaires mais, alors que nous continuons à avancer, elles semblent « reculer ». Il y a comme une aura de mystère qui entoure la période rétrograde, et il est parfois difficile de savoir si une planète ralentit ou au contraire accélère, ce qui peut être un rien déroutant. De manière générale, le conseil est de ne pas prendre de décision importante liée aux moyens de communication durant une phase rétrograde. Si la décision est déjà prise, sachez qu'elle est susceptible de changer.

Puisque Mercure est la planète de la communication, il est aisé de comprendre pourquoi lorsqu'elle rétrograde, par exemple, votre courrier se perd ou votre ordinateur tombe en panne. Par ailleurs, cela peut affecter vos déplacements, avec des retards sur les vols ou les horaires des trains, des embouteillages, voire des collisions. Mercure influence également les communications personnelles : écouter, parler, être entendu (ou non) sont autant de sources de confusion ou de dispute. Cela peut aussi concerner des accords plus formels, comme un contrat entre un acheteur et un vendeur.

Ces périodes rétrogrades se produisent trois ou quatre fois

à un signe astrologique spécifique. Si, par exemple, Mercure rétrograde entre le 25 octobre et le 15 novembre, son influence sera liée aux attributs du Scorpion. De plus, ceux dont le thème natal réserve une place plus large au Scorpion peuvent également ressentir un effet manifeste.

Pour savoir à l'avance lorsque Mercure rétrograde, il suffit de consulter des tables astronomiques, aussi appelées éphémérides. Celles-ci peuvent être utilisées afin d'éviter de planifier un événement important durant cette période. La façon dont cela pourrait vous affecter plus personnellement nécessite toutefois une bonne connaissance de votre thème natal et une compréhension plus spécifique des combinaisons d'influences entre les signes et les planètes.

S'il n'y a absolument rien d'insurmontable, néanmoins sachez que des problèmes pourront toujours survenir – dans une certaine mesure –, alors attendez-vous à des retards et n'hésitez pas à tout vérifier deux fois. Restez positif en cas de report et profitez de cette période pour ralentir un peu et reconsidérer certaines idées dans votre entreprise ou dans votre vie personnelle. Utilisez ce temps à bon escient pour corriger des erreurs ou remodeler des plans, et préparez-vous à avancer de nouveau plus facilement le moment venu.

Pour aller plus loin

À lire

ABC de l'astrologie (1983), Danièle de Caumon, Jacques Grancher éditeur

Décryptez votre thème astral (2019), Julie Gorse, Hachette

Jung's Studies in Astrology (2018), Liz Greene, RKP

L'Astrologie (2008), Didier Colin, Hachette Pratique

L'Astrologie pour les nuls (2005), Rae Orion, First Éditions

Le Langage secret de l'astrologie (2013), Roy Gillett, Hors Collection

Pratique d'interprétation du thème astral (1996), Stephen Arroyo, Éditions du Rocher

Sites internet

astro.alwaysdata.net

astro.com/horoscope/fr

astrotheme.fr

passion-astrologue.com

pleiade-astrologique.net

Applications

Astrostyle

Chaturanga

Co-Star

The Daily Horoscope

The Pattern

Time Passages

Remerciements

Un merci tout particulier à ma fidèle équipe de Taureaux. Tout d'abord, à Kate Pollard, directrice de publication chez Hardie Grant, pour sa passion des beaux livres et pour la commande de cette série. À Bex Fitzsimons pour son travail de révision bon enfant et consciencieux. Et, enfin, à Evi O. Studio, dont les talents d'illustration et de design ont fait vivre toutes ces petites œuvres d'art. Avec une si belle équipe, ces livres ne pouvaient que resplendir, et pour cela, merci.

À propos de l'auteure

Stella Andromeda étudie l'astrologie depuis plus de trente ans, affirmant qu'une compréhension des constellations du ciel et de leur potentiel d'interprétation psychologique est un instrument incontournable. Le partage de sa passion pour la réflexion et la connaissance de soi sous forme de livre a permis de rendre plus accessibles les idées les plus modernes à propos de la sagesse ancienne des étoiles. Taureau ascendant Verseau avec la Lune en Cancer, Stella se sert de la terre, de l'air et de l'eau pour inspirer et enrichir son propre voyage astrologique.

Publié pour la première fois par Hardie Grant Books,
une marque du groupe Hardie Grant Publishing.

Direction éditoriale : Kate Pollard
Édition : Bex Fitzsimons
Direction artistique et illustrations : Evi O. Studio
Coordination éditoriale : Wendy Hobson
Fabrication : Sinead Hering

Pour l'édition française :

Direction éditoriale : Jérôme Layrolles
Coordination éditoriale et adaptation de la maquette :
Marie-Laure Miranda
Traduction : Bruno Provezza
Relecture : Katia de Azevedo

Partenariats et ventes directes : partenariats-epa@hachette-livre.fr
Relations presse : papiercadeau@hachette-livre.fr

Édité par Papier Cadeau
58, rue Jean-Bleuzen 92170 Vanves
Achevé d'imprimer en Chine en avril 2020
Dépôt légal : août 2020
ISBN : 978-2-37964113-8
62 2520 4

FSC
www.fsc.org
MIX
Paper from
responsible sources
FSC® C020056